Obst und Gemüse

RACHEL BLOUNT

Dieses Buch gehört zur Reihe *Unser Essen*.
Die Reihe wird herausgegeben von One World Publishing,
einer Marke von Windmill Productions.

Redaktion und Layout: Windmill Productions & Jurian Wiese, Keith Williams
Text: Discovery Books
Übersetzung aus dem Niederländischen: Bettina Stoll

Nach dem Buch *Fruit and Vegetables* von Tulip Books © 2019

ISBN 978-3-948856-29-8

Inhalt

Schwierige Wörter sind **fett** gedruckt.

Die Erklärungen stehen in der Wörterliste auf Seite 23.

Was sind Obst und Gemüse?

Obst nennt man die fleischigen Früchte von Pflanzen. Die Früchte entstehen aus der Blüte und umhüllen den Samen. Wenn das Obst reif ist, kann man es essen.

Gemüse sind die Teile von einer Pflanze, die wir essen können. Dazu gehören Blätter, Stängel, Knollen oder Wurzeln. Gemüse kann unter der Erde wachsen, wie Kartoffeln oder Zwiebeln. Es kann auch über der Erde wachsen, wie Erbsen oder Kohl.

Wo wachsen Obst und Gemüse?

Obst und Gemüse wachsen auf der ganzen Welt.

Kartoffeln mögen kühles Wetter und einen leicht feuchten Boden.

Pazifik

Nordamerika

Birnen und andere Früchte aus Obstgärten wachsen am besten in Ländern, wo es im Winter kühl und im Sommer warm ist.

Atlantik

Süd-amerika

Diese Mandarinen wachsen an Bäumen in Kalifornien. Das ist in den USA.

Jamswurzeln sind in einigen Teilen von Afrika ein **Grundnahrungsmittel**.

Diese Mangos reifen an einem Baum in Kerala. Das ist in Indien.
Rote Bete mag ein kühles **Klima**. Man kann die Wurzeln und die Blätter essen.
Europa
Asien
Diese Frau prüft Trauben in einem **Weinberg** in Australien. Trauben brauchen eher ein warmes und trockenes Klima. Dann wachsen sie gut und werden groß und süß.
Afrika
Pazifik
An diesen **Kletterpflanzen** in Neuseeland wachsen Kiwis.
Australien

Gesundes Essen

Obst und Gemüse sind gut für uns. Sie enthalten nämlich **Vitamine** und **Mineralstoffe**. Diese helfen uns, groß zu werden und gesund zu bleiben.

Wir sollten jeden Tag mindestens 3 Portionen Gemüse und 2 Portionen Obst essen. Eine Portion ist das, was in unsere Hand passt. Am besten sind frisches Obst und Gemüse.
Gut zu wissen
Kartoffeln, Süßkartoffeln und Jamswurzeln zählen bei den 3 Portionen nicht mit. Sie enthalten nämlich viel **Stärke**.

Obst

Es gibt sehr viele verschiedene Sorten Obst.

Zitrone

Mandarine

Gut zu wissen

Tomaten, Paprika, Auberginen und Gurken sind kein Gemüse. Es sind Früchte! Sie enthalten nämlich die Pflanzensamen.

Limette

Diese **Zitrusfrüchte** haben eine dicke Schale. Die Schale schützt das weiche Innere.

Birnen, Äpfel, Pfirsiche und Kirschen wachsen an Bäumen in **Plantagen**.
Pfirsich
Ananas
Papaya
Mango
Maracuja
Diese Früchte wachsen in den **Tropen**. Dort ist es meistens heiß und feucht.

Gemüse

Karotten, Rote Bete und Rüben sind die Wurzeln von Pflanzen. Man nennt sie deshalb *Wurzelgemüse.*

Kartoffeln und Jamswurzeln nennt man Knollengemüse. Diese Pflanzen bilden unter der Erde dicke Knollen aus.

Zum Blattgemüse gehören zum Beispiel Salat und Spinat. Viele Sorten Blattgemüse kann man roh essen.

Hülsenfrüchte sind Samen in einer Schale oder Hülse. Bohnen, Erbsen und Linsen sind Hülsenfrüchte.

Pflanzen und säen

Das meiste Gemüse wird im Frühjahr angepflanzt. Zuerst müssen die Bauern den Boden pflügen und auflockern.

Dann können die Bauern säen. Die Samen brauchen Sonne und Wasser zum Wachsen. Diese riesige Maschine versorgt die Pflanzen mit Wasser.

Die meisten Früchte wachsen an Bäumen, Kletterpflanzen oder Sträuchern. Manche Obstbäume werden in Reihen gepflanzt. Dann kann man das Obst bei der Ernte einfacher pflücken.

Ernten und zurückschneiden

Wenn das Gemüse oder Obst reif ist, wird es geerntet. Das machen Bauern von Hand oder mit Maschinen.

Obstbäume und Sträucher muss man nach der Ernte **zurückschneiden**, damit im nächsten Jahr wieder Obst wächst.

Es ist besser, Obst und Gemüse aus der eigenen Region zu essen. Dann kommt das Obst und Gemüse frischer im Geschäft oder auf dem Markt an. Die kurzen Wege sparen Treibstoff und sind deshalb gut für die Umwelt.

Diese Erdbeeren stammen von einem Bauernhof. Dort darf man die Erdbeeren selbst ernten. Man pflückt so viel, wie man will. Zum Bezahlen werden die gepflückten Erdbeeren gewogen.

Transport

Auf den großen Plantagen werden Obst und Gemüse sortiert und verpackt und dann in **Kühlwagen** geladen. So bleibt alles frisch.

Gut zu wissen

Knoblauch, Zwiebeln und Kartoffeln müssen kühl und dunkel gelagert werden. Zum Beispiel im Vorratsschrank oder im Keller.

Die meisten Obstsorten und Gemüsesorten kann man am besten im Gemüsefach vom Kühlschrank aufbewahren.

Manche Sorten Obst und Gemüse werden sofort verkauft. Andere werden kurz nach der Ernte eingefroren. Dann halten sie lange.

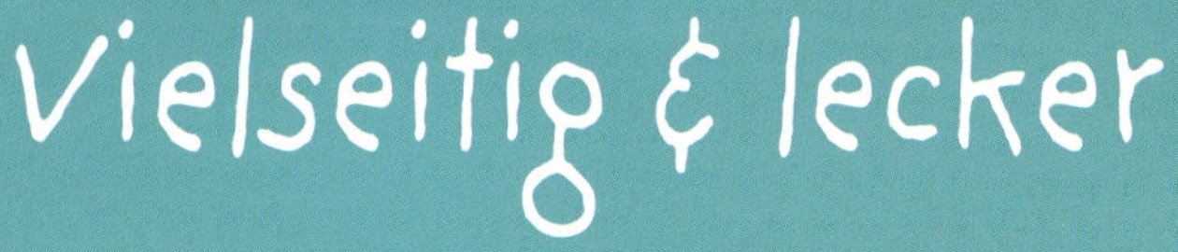

Vielseitig & lecker

Obst kann man zwischendurch essen oder als Nachtisch, aber auch als Zutat in einem Hauptgericht. Gemüse kann man als Vorspeise, Hauptspeise oder als Nachtisch essen.

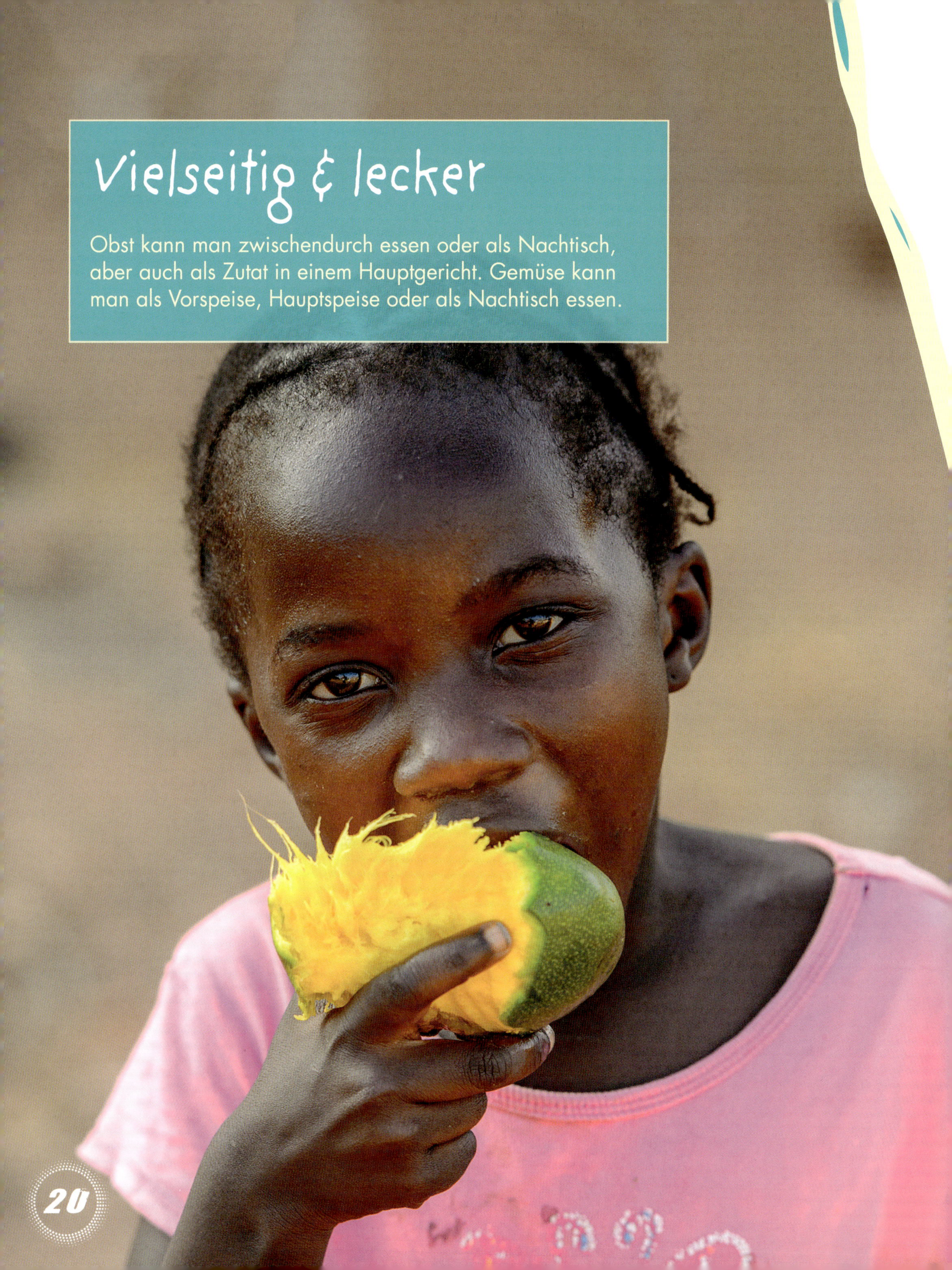

Rezept für einen Obst-Spieß

Dieses Rezept ist einfach *und* lecker!

Man braucht:

Kiwi
Melone
Trauben
Apfel
Frische Minze
Dünne Spieße aus Holz

Schritt 1. Kiwi und Melone schälen. Trauben und Apfel waschen.

Schritt 2. Das Obst bis auf die Trauben in Würfel schneiden. Die Apfel- und Melonenstücke entkernen.

Schritt 3. Vorsichtig eine Traube auf den Spieß stecken. Danach ein Stück Melone, ein Stück Apfel und ein Stück Kiwi.

Schritt 4. Wiederholen, bis alle Spieße voll sind.

Schritt 5. Zum Schluss ein Blatt Minze auf den Spieß stecken.

Wissenswertes über Obst und Gemüse

Wenn man Gemüse kocht, gehen manche Vitamine verloren.

Bei einigen Obstsorten essen wir die Samen mit. Zum Beispiel bei Erdbeeren, Himbeeren und Brombeeren.

Bambussprossen bilden den Anfang von einem neuen Bambusstamm. Bambussprossen erntet und isst man, bevor sie zu groß werden.

Einige Gemüsesorten wachsen an einem Stamm, wie Brokkoli und Blumenkohl.

Bananen werden gepflückt und **verschifft**, wenn sie noch grün sind. Nach der Ernte reifen sie weiter und werden gelb.

Wörterliste

Grundnahrungsmittel: Nahrungsmittel, die in einer bestimmten Region am meisten gegessen werden

Hülsenfrüchte: Samen von bestimmten blühenden Pflanzen, die man isst. Zum Beispiel Erbsen und Bohnen.

Jamswurzel: große Knolle, die einer Kartoffel ähnlich sieht. Jamswurzeln werden in tropischen Gebieten angebaut.

Kletterpflanze: Pflanze, die an etwas hochwächst. Zum Beispiel an einer Stange, einem Gerüst oder einem Pfahl.

Klima: das Wetter, das in einem Gebiet über einen sehr langen Zeitraum hinweg herrscht

Kühlwagen: Lastwagen, in dem Lebensmittel gekühlt transportiert werden

Mineralstoffe: eine Art von Nährstoffen, die unser Körper braucht. Der Körper kann Mineralstoffe nicht selbst herstellen. Wir müssen sie über unser Essen aufnehmen. Kalzium und Magnesium gehören zu den Mineralstoffen.

Nährstoffe: zum Beispiel Vitamine und Mineralstoffe. Der Körper braucht Nährstoffe, um zu wachsen und um gesund zu bleiben.

Plantage: ein riesiger Bauernhof, wo nur eine Sorte Obst oder Gemüse wächst

Stärke: Stoff, der von Pflanzen gebildet wird. In einigen Pflanzen kommt viel Stärke vor. Zum Beispiel in Kartoffeln und in Mais. Stärke liefert viel Energie und macht satt.

Tropen: Bestimmte Gegenden auf der Erde, wo es das ganze Jahr über eher heiß und feucht ist.

Verschiffen: auf ein Schiff laden und an einen anderen Ort bringen

Vitamine: Nährstoffe, die uns helfen, gesund zu bleiben. Wir müssen Vitamine mit der Nahrung aufnehmen.

Weinberg: ein Stück Land, auf dem Trauben an Sträuchern wachsen. Trauben werden meistens an Bergen oder Hügeln angebaut. Aus den Trauben wird dann Wein hergestellt.

Zurückschneiden: Teile von Pflanzen mit einer Schere oder Säge abschneiden, damit sie nachwachsen